# TRES MISTERIOS PARA QUIQUE PARODI, PARAPSICÓLOGO

## Suricatos

**Tres misterios para Quique Parodi, parapsicólogo**

© del texto: Alejandro Luque
© de las ilustraciones: Gabriela Molinaro
© corrección del texto: Equipo BABIDI-BÚ

© de esta edición:
Editorial BABIDI-BÚ, 2025
Avda. San Francisco Javier, 9, 6ª, 23
Edificio Sevilla 2
41018 - SEVILLA
Tlfn: 912.665.684
info@babidibulibros.com
www.babidibulibros.com

Impreso en España
Primera edición: enero, 2025
Segunda edición: diciembre, 2025

ISBN: 979-13-87558-91-8
Depósito Legal: SE 2872-2024

# TRES MISTERIOS PARA
# QUIQUE PARODI,
## PARAPSICÓLOGO

**Alejandro Luque**

ilustrado por: **Gabriela Molinaro**

*Para Lara y Alberto, cuya sonrisa
es capaz de ahuyentar a todos los fantasmas.*

# Índice

## Nota de Quique para los lectores:

¡Hola, chicos! Mi nombre es Quique Parodi, tengo nueve años y cuando sea mayor seré un famoso parapsicólogo. Desde pequeño he querido ser muchas cosas: médico, pintor, bombero, jugador de baloncesto, informático, corredor de motos... pero creo que al final seré parapsicólogo.

¿Cómo? ¿Que no sabéis qué es un parapsicólogo? Pues alguien que se dedica a estudiar los fantasmas y los fenómenos inexplicables. Lo malo es que yo no creo en los fantasmas...

Como tengo una enfermedad que no me permite salir de la cama, estoy siempre en casa, con mis libros, mis álbumes de cromos y mis juguetes. Y casi siempre en compañía de mi amigo Miguelito, que es el mejor ayudante que os podéis imaginar.

Así que ya lo sabéis, si tenéis algún caso misterioso en vuestra casa, no tenéis más que venir a verme, ¡os espero aquí!

Firmado: Quique Parodi, parapsicólogo

# PRIMER CASO:
## LOS ARAÑAZOS DIABÓLICOS

—¿Para… quééé…? —preguntó Miguelito, tan boquiabierto que parecía un donut con ojos.

—Parapsicólogo —respondió Quique—. He decidido que voy a ser parapsicólogo. Un gran investigador de fenómenos ocultos.

—¿Y cómo vas a ser algo con un nombre que nadie va a poder aprenderse? —dijo Miguelito.

—Pues demostrando que soy bueno en mi trabajo. Mira, ya tengo preparadas mis tarjetas. Tendrás que encargarte de repartirlas por el cole y entre los chicos del barrio —explicó Quique. Tomó un montón de hojas de la mesita de noche y le dio una a su amigo. Miguelito leyó en voz alta:

—QUIQUE PARODI. Parapsicólogo. Fenómenos paranormales, manifestaciones fantasmales y diabólicas. Calle Valente, 3 - 2º izquierda. Teléfono 659 25 73 25.

—Además —prosiguió Quique—, ya tengo preparado mi equipo completo de parapsicología. Alcánzame esa caja y te mostraré el material.

Miguelito tomó la caja de cartón y la puso sobre la cama. Quique la abrió y fue mostrándole los objetos de su interior: una lupa, un cuaderno de notas, una linterna, el manual *Fantasmas inexplicables*, su crucifijo de primera comunión...

—¿Y esto, para qué sirve? —preguntó Miguelito levantando una pequeña aspiradora a pilas, de las que se usan para quitar pelusas de la ropa.

—Es un artilugio para absorber fantasmas, pero no creo que lleguemos a necesitarlo. Creo que podremos neutralizarlos con buenas ideas.

Miguelito volvió a guardarlo todo en la caja, en cuya tapa había dibujado Quique un fantasma dentro en un círculo tachado, bajo la leyenda *Maletín de parapsicólogo* escrita con unas letras muy bonitas. Creía, en efecto, que se trataba de un material de primera. Vio a su amigo Quique tendido en la cama, como siempre, un poco pálido y mostrando su característica sonrisa.

—Todo esto me parece genial, Quique, pero... —Miguelito dudó unos instantes antes de seguir—. Quiero decir que tú estás malo, y no vas a poder levantarte para resolver los casos que se nos presenten.

—Confía en mí —dijo Quique con firmeza—. No habrá nada que no podamos hacer desde aquí. Y ahora dime, ¿quieres ser mi ayudante o no?

—¡Sabes que no puedo negarme! —respondió Miguelito, y de inmediato se pusieron manos a la obra.

Miguelito pasó toda la semana distribuyendo las tarjetas entre los chicos del colegio. El recreo estaba lleno de papelitos voladores que anunciaban sus servicios de parapsicología. Alguno de sus compañeros se puso a romperlos diciendo que se habían vuelto locos, pero eso no les importó. Estaban convencidos de que, tarde o temprano, cualquiera podría necesitar la ayuda de dos parapsicólogos eficaces.

Pasaron tres semanas sin novedad. Quique y Miguelito empezaban a barajar la idea de fabricar una nueva tirada de tarjetas, pero decidieron esperar unos días más. Entre tanto, se preparaban viendo pelis de miedo —siempre que no fueran de mucho miedo— y leyendo libros de fenómenos ocultos. Iban anotando en su libreta las distintas clases de fantasmas y buscaban en las enciclopedias las palabras que no entendían.

—*Poltergeist* —leía en voz alta Miguelito—. Tenemos que saber qué es eso de *poltergeist*.

«Espectros, apariciones, duendes, sombras vivientes...», apuntaba mientras tanto Quique en unas fichas especiales.

Todo estaba listo para pasar a la acción en cualquier momento. Cuando el desánimo empezaba a cundir entre ellos y pensaban que nadie los llamaría, una tarde apareció por casa de Quique un cliente de lo más interesante.

—Es Larbi, el muchacho marroquí que vive en el primero —anunció su madre—. Dice que quiere verte. Parece preocupado.

—Dile que pase, mami. Y llama a Miguelito, por favor. Creo que vamos a afrontar nuestro primer caso.

Larbi entró con pasos inseguros en la habitación de Quique. Tenía el pelo muy rizado, era moreno de piel y sus grandes ojos miraban nerviosos en todas direcciones. Quique palmeó la cama pidiéndole que se sentara.

—¿Es verdad que sois parapsicólogos? —preguntó Larbi.

—Bueno, eso es algo que aún debemos demostrar —respondió Quique—. Para ser sinceros, eres la primera persona que requiere nuestros servicios.

Miguelito llegó corriendo en ese instante, saludó a Larbi con un rápido choque de manos y se dispuso a tomar nota de su problema. Pasaron toda la tarde hablando de este tema. Esto que sigue es todo lo que anotaron en la libreta de trabajo:

*Nuestro vecino Larbi Hamed, de nueve años, estudiante del colegio de Nuestra Señora de la Paz, nos presenta un posible caso de posesión diabólica.*

*Según su testimonio, desde hace ya varias semanas descubre en sus brazos o en su espalda unos extraños arañazos en forma de tres rayitas verticales o inclinadas, así: | | | o / / /. Hemos podido comprobar que tiene varios cuando le hemos pedido que se quite la camiseta para examinarle. Larbi piensa que puede tratarse de un estigma demoníaco, como los que le salen a algunas personas en las películas.*

*Él asegura que no se ha rozado con ningún alambre, ni se ha caído, ni nada de eso. Nadie le ha podido arañar en el cole, de eso también está convencido.*

*Él tiene las uñas muy bien cortadas. No tiene gato. Su vecino tampoco. Además, sería imposible arañarse así, atravesando la ropa.*

*Según dice, todos los días se ducha, cena, se pone el pijama, se acuesta y, a media noche, empieza a sentir un cosquilleo, que luego se vuelve un poco doloroso. Cuando enciende la luz, descubre con pavor que tiene un nuevo arañazo.*

*Está un poco asustado y quiere que lo ayudemos.*

Después de escribir esto, hicieron prometer a Larbi que no hablaría del asunto con nadie, le pidieron que mantuviera la calma y comenzaron a trabajar al momento. Consultaron varios libros sobre estigmas y posesiones diabólicas, pero ninguno parecía aclarar nada del caso Larbi. Era un misterio realmente sobrecogedor. Los arañazos aparecían casi todas las noches sin que ninguno pudiera explicar su causa.

—¿Qué haremos si realmente se trata de arañazos de algún demonio? —decía Miguelito tartamudeando de terror.

—Prefiero pensar que todo tiene una explicación lógica —afirmaba Quique—. No creo en los demonios que arañan a niños de nueve años.

Algunas veces, Larbi se ponía hasta tres camisetas de manga larga, una encima de la otra, pensando que así estaría más protegido. Pero lo único que conseguía era asarse de calor: cada medianoche, una nueva herida diabólica aparecía en su piel. Entre tanto, Quique y Miguelito dedicaban largos ratos del día a buscar la causa de aquel insólito fenómeno. Hasta que...

—¡Ya lo tengo! —exclamó Quique una tarde. Miguelito dio un respingo y puso cara de sorpresa—. Necesito que Larbi venga inmediatamente. Creo que estamos a punto de adivinar el origen de esos enigmáticos arañazos.

Larbi acudió al gabinete de parapsicología casi temblando. Quique le pidió que se relajara y, acto seguido, volvió a pedirle que se quitara la camiseta. Su cliente obedeció. Luego le extendió su artilugio cazafantasmas, es decir, la pequeña aspiradora para eliminar pelusas.

—Necesito que hagas como si estuvieras duchándote. Imagínate que ya te has enjabonado —dijo Quique.

Larbi, un tanto desconcertado, levantó un brazo y empezó a ducharse imaginariamente, mientras silbaba como si estuviera cayéndole agua encima. Miguelito observaba alucinado, sin entender ni jota.

—¡Eureka! —dijo Quique chasqueando los dedos—. Ya tenemos la clave del misterio.

Larbi y Miguelito se quedaron mirando a su amigo que, desde la cama, mostraba la mejor de sus sonrisas. Estaban deseosos de conocer la conclusión a la que había llegado Quique, pero al mismo tiempo les daba un poquitín de miedo.

—Sentaos, chicos, un asunto como este requiere una larga explicación. Si no recuerdo mal, Larbi nos dijo que cada noche se duchaba, cenaba, se ponía el pijama y se acostaba, y al rato sentía el dolor de los supuestos estigmas, ¿correcto?

Los chicos asintieron. Quique continuó:

—Estuve pensando mucho en todos estos pasos hasta que surgió una pregunta: ¿y si las heridas se producían antes de la medianoche, pero no empezaban a doler hasta esa hora? Por eso necesitaba comprobar cómo se ducha Larbi. Y por lo que hemos visto, le gusta frotarse con la alcachofa de la ducha, porque así el agua parece salir más calentita. Pues bien, supongamos que es la ducha la que produce los arañazos. Con el jabón y el agua, es muy probable que Larbi no se dé cuenta de ello. Luego cena, se pone su pijama y se va a dormir. En estas actividades invierte un tiempo aproximado de una hora: suficiente para que las heridas, al contacto con el pijama, empiecen a escocerle. He aquí la solución del misterio.

Miguelito levantó la mano para pedir la palabra:

—¿Estás tratando de decir que las duchas hacen heridas?

—Algunas sí —dijo Quique—. Por un defecto de fabricación, es posible que los agujeritos por los que sale el agua tengan diminutos bordes cortantes de plástico o metal. Uno no se da cuenta de ello si pasa la mano, pero si te frotas con demasiada fuerza es de lo más fácil que te arañes.

—¿Cómo podemos comprobarlo? —preguntó Larbi.

Quique rebuscó en su caja de instrumentos de parapsicología:

—Muy sencillo. Basta con que uséis esta espléndida lupa y examinéis detenidamente la alcachofa de la ducha. Me juego un taco de cromos a que veis al menos tres minúsculos bordes cortantes.

Larbi y Miguelito agarraron la lupa y bajaron como un rayo hasta casa del primero.

Entraron en el cuarto de baño y observaron la ducha atentamente. ¡Ahí estaban los diminutos filos culpables de las heridas!

—Tenías razón, Quique —anunció Miguelito—. Creo que si Larbi no se pega tanto la ducha al cuerpo, no volverá a tener un solo arañazo más. ¡Caso cerrado!

Decidieron organizar una pequeña fiesta en el cuarto de Quique para celebrar su primer éxito como parapsicólogos. Miguelito trajo limonada de su casa y el hermano de Larbi, que era un notable cocinero, hizo para ellos una gran fuente de cuscús, ricas semillas marroquíes que estaba para chuparse los dedos.

—Creo que nos hemos ganado unas vacaciones —dijo Miguelito mientras comía cuscús a grandes cucharadas.

—De eso nada —dijo Quique sacudiendo la cabeza—. Este caso ha sido solo el principio. Pero debemos seguir preparándonos y estudiando mucho para los próximos misterios que nos esperan.

—¡A mí no hay fenómeno que se me resista! —proclamó Miguelito orgulloso, saltando de pie sobre la cama.

—¡Eh, no me pises la colcha! —protestó Quique.

—¡Y no seas fantasma! —dijo Larbi, y todos empezaron a reír.

En la ventana, el gato que vivía en el tejado se lamía las patas mientras miraba a los tres chicos a través del cristal.

# SEGUNDO CASO:
## LAS MANCHAS FANTASMALES

Aquel verano había comenzado siendo muy caluroso, y Quique estaba fastidiado por eso: de noche, los mosquitos entraban a docenas por las ventanas abiertas y cada mañana se despertaba con unas espantosas picaduras. Le había pedido varias veces a su madre que le comprara un aparato de aire acondicionado, pero ella respondía invariablemente que por esas fechas salían muy caros. Era mejor esperar al otoño, cuando bajaban los precios, pero ¿para qué iba a querer aire acondicionado en otoño? Si, por el contrario, cerraba las ventanas, corría el riesgo de asfixiarse.

¡Qué calor, qué calor!, se repetía mientras apartaba de la cama un montón de tebeos, sus arañas de plástico y varios cromos sueltos, de los que tenía repes. A través de la ventana, las bocanadas de aire caliente le traían hasta su habitación las risas y las voces de los niños que jugaban en la calle. Se imaginó a otros bañándose en la playa, qué envidia. Pensó que estar siempre metido en la cama era un rollo insoportable.

De repente, tuvo una idea: tomó de la mesita de noche el libro *Expediciones del Polo Norte* y empezó a leerlo. Al cabo de un rato, se sentía tan dentro de la historia que decidió taparse con la sábana, por si le sorprendía una tormenta de nieve. Quiso imaginarse que la sábana hilo era de pelo de mamut. ¡No se podía estar mejor abrigado!

—¿Qué haces ahí debajo? —preguntó Miguelito, asomando por la habitación—. Como no te quites eso de encima ahora mismo, vas a coger el sarampión.

—Calla, estoy a punto de coronar el Polo Norte —replicó Quique.

—¿El Polo Norteeee? ¿Tú has visto el calor que hace? ¡Pero si se puede freír un huevo en la acera! —exclamó Miguelito—. Vamos, déjate de tonterías que te he traído un helado de los que a ti te gustan, con trocitos de chocolate. Y prepárate, porque tenemos un nuevo misterio que resolver.

Quique se incorporó de un golpe y se pasó una mano por la frente para limpiarse el sudor. Miguelito siguió:

—Se trata de Wang, el niño chino de la tienda de aparatos eléctricos de nuestra calle. Al parecer, tiene un caso terrorífico que contarnos.

—Dile que venga a vernos —dijo Quique—. Y trae acá ese helado, o se derretirá en tu mano.

Miguelito citó a Wang a las cinco de esa misma tarde en la habitación de Quique. Wang fue puntual. Era un chico muy menudo, con unos mofletes colorados y los ojos muy cerrados, como los tienen los chinos. Cuando no hablaba, Miguelito creía que se estaba quedando dormido. Llevaba una camiseta de Mazinger-Z chulísima y movía mucho las manos. Comieron más helados mientras Wang exponía su problema. Esto que sigue es el informe que los parapsicólogos anotaron en su libreta:

Nuestro amigo Wang Lu, de seis años, alumno del parvulario Colorines, nos cuenta un asunto que parece inexplicable.

Por lo visto, todas las noches aparecen en la puerta de su habitación unas manchas luminosas, de color verdoso, como mocos fosforescentes, con extraños símbolos.

Él piensa que puede tratarse de manchas fantasmales, porque siempre son distintas. Algunos días son así ==, otros así =, y hay veces que ni siquiera aparecen.

Wang, que es muy valiente, ha llegado incluso a levantarse para ver de cerca cómo eran,

y cuando ha puesto una mano sobre ellas, las manchas han desaparecido.

Si cierra la puerta, no sabe si las manchas siguen ahí o no. Además, hace mucho calor. La puerta es una puerta normal, de madera pintada de blanco.

Dice que no quiere tener fantasmas en su casa, de modo que tenemos que hacer algo.

—¡A trabajar! —ordenó Quique—. Necesito que vayáis a casa de Wang y recopiléis todos los datos necesarios. Quiero saber quién ha vivido antes en esa casa, dónde se encuentra exactamente, cómo están distribuidas las habitaciones. ¡Lo quiero todo!

Miguelito y Wang se pusieron en marcha al segundo. Quique pasó el resto de la tarde revisando las notas y buscando información sobre manchas misteriosas aparecidas en las paredes de las iglesias, los cementerios y las casas. Ninguna se correspondía a las rayitas que había descrito Wang. Antes del anochecer, Miguelito entró en la habitación con la información necesaria:

—Wang vive en la calle de las Ranas. Justo enfrente de la sala de videojuegos El Chupinazo, una que tiene unos neones muy bonitos y unas máquinas de disparos fantásticas. El suyo es el primer piso. Si entras en su casa, llegas a un salón muy chulo decorado con muebles de madera, persianas chinas y cuadros de grullas y dragones chinos. Desde allí, la primera puerta es la del cuarto de Wang. Su habitación es pequeñita, pero muy acogedora. La puerta se abre hacia dentro, y allí es donde aparecen las malditas manchas, siempre de noche. Lo mejor será que te muestre el mapa que hemos hecho:

—¿Y los anteriores inquilinos? —preguntó Quique, ansioso.

—Nadie —respondió Quique—. Se trata de un edificio nuevo, que apenas tiene cinco años. La familia Lu fue la primera y la única en habitarlo.

El asunto empezaba a ponerse más que difícil. ¿Qué sentido tenía que los fantasmas dibujaran manchas en la puerta de Wang? ¿Y por qué cambiaban de forma? Agobiado por el calor, Quique pasó toda la noche estudiando el plano de la casa a la luz de un flexo. Se quedó dormido con el papel entre sus dedos. A la mañana siguiente, la mano de Miguelito sobre su hombro lo sacó del sueño:

—Despierta, parapsicólogo. Te traigo un batido fresquito para desayunar y un pan con aceite y azúcar.

—¿Qué hora es? —preguntó Quique con los ojos todavía medio cerrados.

—Las diez de la mañana. Te veo muy cansado, Quique. Llevamos dos semanas sin parar de trabajar, tratando de aclarar el caso Wang, y no hay manera. Creo que ha llegado la hora de que aceptemos nuestro fracaso y nos rindamos.

—¿Rendirnos? ¡Jamás! Llama ahora mismo al pequeño Wang, creo que he dado con la solución a su problema.

Miguelito puso tal expresión de sorpresa que cualquiera hubiera dicho que había visto un fantasma. Salió como una centella del cuarto de Quique y corrió escaleras abajo hasta la tienda de Wang. Lo encontró jugando con unos palillos de madera, le tomó la mano y lo condujo a toda velocidad hasta la casa de Quique.

—¡Deprisa, deprisa! ¡La solución no puede esperar!

Cuando llegaron al gabinete de parapsicología, ya Quique había copiado exactamente en su pizarrín el plano de la casa de Wang. Antes de comenzar su discurso, le pidió a Miguelito que bajara la persiana del cuarto.

—¿Vamos a hacer espiritismo? —preguntó el pequeño Wang con voz asustada.

—Nada de eso, tú hazme caso y observa atentamente —le tranquilizó Quique.

Miguelito bajó la persiana y la habitación quedó en penumbra. Quique volvió a pedir que subieran la persiana, y luego que la bajaran otra vez, y otra vez arriba...

—¿Te has creído que esto es un ascensor? —dijo Miguelito enfadado.

—No te impacientes. Acabamos de ver la causa de las manchas fantasmales.

Sus dos amigos se quedaron mudos y expectantes. Quique sonrió:

—Si no recuerdo mal, el salón de la casa de Wang tiene persianas chinas. Y las persianas nunca se bajan de igual manera. Hemos podido comprobarlo cuando Miguelito ha bajado y subido esta persiana: la primera vez quedó medio cerrada, y pudimos ver unas rayitas de luz que se filtraban a través de la ventana y se reflejaban en la pared. La segunda vez, la persiana quedó un poco más abierta y las rayitas eran más gordas. La última vez, como Miguelito estaba ya cansado de tanto tirar y soltar, la persiana cayó hasta abajo y no hubo rayitas. Estábamos completamente a oscuras.

—Veo un error en tu razonamiento —trató de corregirle Miguelito—. Es verdad que esas rayitas se reflejan en la pared, pero en el caso de Wang aparecían en la puerta. ¿Cómo es posible que llegaran hasta allí?

—Muy sencillo —dijo Quique levantando el pizarrín y tomando una tiza—. Si los datos que me disteis son fiables, la luz que entra desde la calle a través de las ventanas se reflejará aquí, en el cuadro de la grulla china, y se proyectará sobre la puerta blanca. Por eso cuando Wang ponía la mano encima, la mancha desaparecía. Mirad:

—Jo, por eso... —murmuró Wang— el color verde de las manchas....

—Exacto: es el color de los neones de la sala de videojuegos El Chupinazo —concluyó Quique.

Todos quedaron muy satisfechos con la solución del enigma y decidieron celebrarlo con una formidable bolsa de palomitas de las que se calientan en el microondas, y que Quique tenía guardada para la ocasión.

Al día siguiente, Wang volvió a casa de Quique. Este pensó que tenía otro misterio que plantearle, pero no fue así. Solo quería traerle un regalo de su tienda, para agradecerle la ayuda prestada. Quique abrió el paquete muy ilusionado:

—¡Es un miniventilador! ¡Justo lo que necesitaba! ¡Ya no volveré a pasar calor este verano!

Wang movía la cabeza muy contento, mientras Quique dirigía el ventilador hacia él. Las tres pequeñas aspas del aparato, al girar, reflejaban luces y sombras por toda la habitación, como pequeños fantasmitas en movimiento.

# TERCER CASO:
## EL DUENDE TRAVIESO

Estar todo el día en la cama es un rollo, a veces insoportable. Quique no entendía cómo hay niños que no quieren salir de la cama, con lo bien que se está haciendo mil cosas por ahí. Además, la espalda llega a dolerte de estar tanto tiempo sentado, y las horas pasan más lentas de lo normal. Algunas veces, Quique se sentía tan solo que hasta le alegraba la visita del médico para la revisión semanal.

—Vamos a ver cómo está mi parapsicólogo favorito —decía siempre el doctor Manzano, y empezaba a hacer las pruebas: saca la lengua, mira hacia arriba, respira hondo, levanta los brazos... todas esas cosas.

Lo único bueno de la cama es que puede ser un juguete estupendo. De vez en cuando, Miguelito se sentaba junto a Quique y se convertían en dos pilotos de carreras. Quique agarraba el volante y Miguelito iba leyéndole muy rápidamente un plano que sujetaba entre las manos:

—¡Curva a la derecha! ¡Cambia de marcha! ¡Ahora más deprisa!

Y así, la cama parecía ir a toda velocidad. En otras ocasiones, la cama era el bote de unos piratas que habían naufragado en las costas de los mares del sur. Había que tener mucho cuidado, porque cualquier caída al suelo podía atraer el apetito de los tiburones.

—¡Me las pagarás, Barbaverde! —gritaba Miguelito mientras miraba a través de un tubo de papel higiénico, como si fuera un catalejo.

—¡Por los mil rayos de Neptuno, si no nos ponemos a cubierto, el malvado Morgan hundirá nuestra chalupa! —avisaba Quique. Al final, Morgan siempre les hundía a cañonazos, pero conseguían nadar antes de que se acercaran los tiburones. Y llegaban a una isla desierta, que también era la cama. Uno de sus juegos preferidos era el de la nave espacial. Apagaban todas las luces del cuarto y se imaginaban flotando. Como Quique tenía muchas pegatinas fosforescentes en el techo, se imaginaban que estaban atravesando una nebulosa desconocida. Para ello, se movían como a cámara lenta, lo mismo que los astronautas de verdad:

—Mira, Quique, estamos dejando atrás Andrómeda.

—Me envían una señal desde la Tierra, ¡debemos regresar! —decía Quique hablando a través de un viejo transistor.

—Noooooo, déjame un ratito más —pedía Miguelito—. Aún tenemos que comprobar si hay vida inteligente en esta galaxia...

—¡Cuidado, creo que nos aproximamos a un agujero negro!

Aquella tarde, Quique se entretenía haciendo un puzzle de cien piezas cuando Miguelito llamó a la puerta.

—¿Puedo pasar? —preguntó—. Es que no vengo solo.

—Claro que sí. ¿De quién se trata?

Entonces asomó una niña mulata, con el cabello lleno de trencitas y una camiseta corta, que le dejaba el ombligo al aire. Llevaba también unos zapatos rojos muy bonitos, y cuando caminaba parecía estar bailando.

—Esta es Yamilet, la chica cubana del cole —anunció Miguelito—. Creo que tiene un caso que contarnos.

Yamilet observó atentamente la habitación de Quique antes de comenzar su relato. Lo que viene a continuación es lo que los parapsicólogos escribieron en su libreta de trabajo: *Nuestra amiga Yamilet Acosta, de seis años,* nos cuenta el extraño caso de las luces que se encienden solas. Al parecer, ella vive en una casa baja, que da a un patio lleno de helechos, plantas y flores. Algunas noches, la luz de ese patio se enciende sola. Yamilet teme que se trate de un duende travieso que quiere asustarla. Las visitas del supuesto duende no ocurren todos los días. La última vez fue el pasado martes. Yamilet no se podía dormir, porque estaba muy preocupada con el duende. Además, afuera hacía viento y las ventanas temblaban un poco. Era un ambiente muy inquietante. De pronto, empezó a oír como susurros... «Shhh... Shhhh...». Al cabo de unos segundos, las luces del patio se encendieron inesperadamente. Temblando, se levantó para apagarlas. Miró detrás de las plantas y no vio nada. Apagó el interruptor y volvió corriendo a la cama. Pero después de unos minutos, otra vez... shhhhhhh... shhhhhhh... ¡y de nuevo se encendió la luz! Esta vez, no quiso levantarse. Tenía mucho miedo y prefirió taparse hasta la cabeza. A la mañana siguiente, preguntó a su hermano y a sus padres si se habían levantado esa noche para ir al cuarto de baño o la cocina. Todos dijeron

*que no. Tampoco es posible que ningún vecino entra-*
*ra en el patio. Y mucho menos un ladrón. Yamilet*
*teme que todo este asunto le quite el sueño. Quiere*
*que acabemos cuanto antes con ese duende travieso y*
*que no vuelva a poner los pies en su casa.* Cuando
Yamilet concluyó su historia, se despidió de
los chicos prometiendo que volvería dos semanas después.

—¡Oooh, es tan guapaaaa...! —suspiró Miguelito tendido sobre la cama.

—Creo que te has enamorado —diagnos-
ticó Quique—. Pero ahora Yamilet no es una
niña guapa, sino un cliente más. Así que...
¡nada de suspiritos y a trabajar! Tienes que in-
tentar pasar una noche en esa casa. Como sea.

—¿C-c-cómoooo? —tartamudeó Miguelito, al tiempo que se ponía colorado como un
plato de arroz con tomate.

—Ya lo has oído —insistió Quique—. Hay
que estudiar la casa desde dentro.

—¡Pero los padres de Yamilet nunca me
dejarán dormir en su cuarto!

—No será necesario —explicó Quique—. Bastará con que te hagas amigo de su hermano y consigas que te invite a dormir.

Durante las dos semanas siguientes, Miguelito se esforzó por hacerse amigo de Yuri, el hermano de Yamilet. Para ello, le regaló varios cromos, le invitó a jugar partidas de tres en raya en el recreo y —esto le costó más que nada— compartió con él el bocadillo del desayuno. Se sentía un poco mal, porque siempre le habían dicho que hay que ser amigo de la gente sin esperar nada a cambio. Pero la gravedad del caso exigía estas tácticas. Además, no tenía que disimular, porque Yuri era siempre una compañía muy agradable. Mientras tanto, Quique pasaba las mañanas estudiando libros sobre duendes traviesos. Confeccionó unas fichas en las que distinguía a los duendes normales de los elfos, los trasgos y los trols. También dibujó en la libreta hombrecillos de orejas puntiagudas y sonrisas maliciosas. Sin embargo, todos estos seres habitaban, según los expertos, en los bosques. No había motivos para creer que alguno de ellos se hubiera escapado a la ciudad para asustar a una niña de seis años.

—¿Y si fuera el Ratón Pérez? —preguntó Miguelito. Sus dientes castañeaban de miedo.

—No digas bobadas —negó Quique—. El Ratón Pérez siempre se ha movido de noche sin apagar y encender luces por ahí. Tiene que haber otra explicación.

—¿Fantasmas, demonios, espectros? —dijo Miguelito.

—Nanay de la China. Tendremos que usar la cabeza.

Después de mucho esfuerzo, Miguelito consiguió que Yuri le invitara a pasar una noche de sábado en su casa. Cenaron unos plátanos fritos exquisitos, llamados tostones, y un vegetal muy rico llamado yuca. Luego vieron con Yamilet una película de vaqueros, se pusieron el pijama y se fueron a dormir. Cuando Yamilet le

dio un beso de buenas noches, Miguelito sintió que iba a desmayarse de la emoción.

—Tienes que estar muy atento, el duende puede llegar en cualquier momento —le susurró la chica.

—Duerme tranquila. No tienes nada que temer, yo te protegeré —replicó Miguelito, y al instante se sintió aterrorizado. Cruzó el patio, entró en el cuarto de Yuri y se metió bajo las sábanas. Todas las luces de la casa se apagaron.

Desde la cama, pudo oír los primeros susurros del duende: «Sssshhh... Ssshhh...», cada vez más fuertes. Quiso preguntarle a Yuri si los oía, pero este ya estaba dormido como un tronco. Los susurros cesaron un momento. Y luego se reanudaron... «Shhhh... Shhhh... SHHHH...», hasta que... «¡chasss!» ¡se encendió la luz del patio!

Miguelito se levantó temblando como un flan de huevo. Comprobó que el patio estaba, en efecto, lleno de macetas con flores y helechos de grandes hojas, tantos que parecía una selva.

Pensó que tal vez el duende hubiera confundido aquello con un bosque y decidido quedarse a vivir allí. Con pasos inseguros, fue caminando apoyado con una mano en la pared. Sin darse cuenta, tocó algo en ella, que resultó ser el interruptor, y la luz se apagó de nuevo. Estuvo a punto de soltar un grito del susto y, apartando un montón de hojas, corrió de regreso a la cama.

A la mañana siguiente, Miguelito fue a casa de Quique para contarle todo lo sucedido.

—¡Y ni se te ocurra pensar que voy a volver a los dominios de ese duende! —protestó Miguelito, enfadado y todavía no repuesto de la impresión.

—No será necesario —replicó Quique—. Creo que ya he dado con la solución.

Luego le mostró un periódico viejo que tenía doblado sobre la cama:

—¿Aquí está la solución, en el mapa del tiempo? —exclamó Miguelito—. A ver: soleado, nuboso, nieve en... ¿qué tiene que ver esto con nuestro duende malvado?

—Dile a Yamilet que venga cuanto antes, será mejor que os lo explique al mismo tiempo —dijo Quique.

Miguelito salió de la habitación como un hombre bala sale de su cañón y volvió en un santiamén con Yamilet de la mano. Quique les pidió que se sentaran y empezó a contar su teoría:

—Veréis, chicos, si observamos esta previsión del tiempo, anuncia para el sábado pasado un día ventoso. Exactamente igual que otros días de las últimas semanas, que coinciden extrañamente con las misteriosas visitas del duende.

Miguelito y Yamilet dejaron escapar un «¡oh!» de puro asombro. Quique continuó:

—Dentro del patio de Yamilet, en un día ventoso se formarán con toda seguridad corrientes de aire. Esas corrientes agitarán sin duda las plantas del patio, especialmente las que tengan las hojas más grandes. Ahora os pido que toméis estos folios y los paséis por la pared como acariciándola, así —dijo Quique, y les dio dos folios para que probaran.

Los chicos lo hicieron, y quedaron sorprendidos al ver que los folios producían una especie de susurro al tocar la pared, un leve «shhh... shhh...».

—He aquí la explicación de los susurros del duende —dijo Quique—. No son más que las hojas de las plantas rozando la pared. Por eso no se oyen todos los días, solo aquellos en los que hace viento.

—Eso no explica el misterio de que la luz se encienda sin que nadie toque el interruptor —objetó Miguelito.

—Yo no estaría tan seguro —dijo Quique—. Si es cierto lo que me contaste, la noche que estuviste en casa de Yamilet el interruptor se apagó con un ligero roce, mientras caminabas apoyado en la pared. Eso significa que el interruptor está un poco suelto, porque de lo contrario tendrías que pulsarlo con más presión para encender o apagar la luz. Apuesto todos mis álbumes de cromos a que el problema se solucionará si los padres de Yamilet cambian el interruptor viejo por uno nuevo.

—¡Caso cerrado! ¡Caso cerrado! —cantó Miguelito— ¡Los mejores parapsicólogos de la ciudad han vuelto a resolver un misterio!

A la fiesta que organizaron para celebrar este nuevo éxito acudió como invitado especial Yuri, que ya se había hecho amigo de verdad de Miguelito y no tardaría de serlo de Quique. Hubo batidos y patatas fritas, y los dos hermanos bailaron en la habitación unos bailes muy vistosos, dando unas piruetas espectaculares. Mientras, Miguelito y Quique seguían con las palmas el ritmo de los tambores en el radiocasete. Estaban tan contentos que sentían un agradable cosquilleo en el pecho, como si un duende travieso estuviera corriendo debajo de sus camisetas.